www.ingramcontent.com/pod-product-compliance
Lightning Source LLC
Chambersburg PA
CBHW050513160726
48003CB00001B/281

الواحة المهجورة

إسماعيل زويريق

الواحة المهجورة

شعر

إصدارات دائرة الثقافة، حكومة الشارقة 2022 م

الناشر: دائرة الثقافة ـ حكومة الشارقة ـ الإمارات العربية المتحدة

الهاتف: 5123333 6 971+

البرَّاق: 5123303 6 971+

الموقع الإليكتروني: www.sdc.gov.ae

البريد الإليكتروني: sdc@sdc.gov.ae

تصميم الغلاف: مريم الهرمودي

———

811.964
ز ا . و   زويريق، إسماعيل
الواحة المهجورة / إسماعيل زويريق.ـالشارقة، الإمارات العربية المتحدة : دائرة الثقافة، 2022.
198 ص. ؛ 21X14 سم.
1. الشعر العربي – المغرب – دواوين وقصائد
أ. العنوان

ISBN: 978-9948-826-06-4

إسماعيل زويريق: «نظم الجواهر»

يشــكل هذا الإصــدار الشــعري «الواحـة المهجورة»، للشاعر المراكشي إسماعيل زويريق، نموذجاً حياً للقصيدة العمودية اليوم في المغرب، من بوابة أحد روادها، والذين أسهموا بشكل كبير في ترسيخ هذه التجربة في المشهد الشعري والأدبي في المغرب. وبقدر ما تنفتح دار الشعر بمراكش، ومن خلال هذا الديوان، على هذا المنجز الغني اليوم بتجاربه الشــعرية الجديدة، بقدر ما يشكل الإصدار نفسه احتفاء بمســار مبدع مغربي أعطى الشــيء الكثير للإبداع المغربي، إبداعاً وتأطيراً وإشعاعاً وتنظيماً.

لقد ظل الشــاعر إسـماعيل زويريق، يتنقل طيلة مساره الشعري، بين أنماط الكتابة الشــعرية، في انفتاح بليغ على رؤاها وحساسـياتها. وأسـهمت تجربته الشـعرية، في إعادة تمثل رهان اللغة، كأحد أسس الكتابة وخياراتها الجمالية، لكن، في اسـتحضار وثيق لما تفتحه اللغة العربية من إمكانات بلاغية، وأيضاً في ترجمته لبعض من مرجعياته المعرفيـة، والتـي راكمها طيلة مسـار طويل من الكتابة والانشـغال بأسئلة الثقافة المغربية.

إسماعيل زويريق شاعر، كاتب، فنان تشكيلي، باحث في التراث الشـفوي المغربي، من مواليد مراكش 1944م، حاصل على مجموعة من الشهادات العلمية والمهنية، خريج مركز تكوين المفتشين، وحاصل على مجموعة من الشـهادات التقديرية والتكريمية من خارج المغرب وداخله، عضو نشـيط في العديد من الجمعيـات الثقافية (رئيس فرع اتحاد كتاب المغرب بمراكش، نائب رئيس نادي اليونيسكو بمراكش، عضـو مجمع اللغـة العربية بمكة المكرمة السعودية..) صدر له 88 كتابـاً، المطبـوع 41 كتاباً: منها 33 مجموعة شـعرية، أكبرها ديوان «على النهج» في سبعة أجزاء، تحتوي على 312 ألف بيت شـعري فـي المديح النبوي، و8 كتب في النثر. ترجم ديوانه «الأشـذاب» إلى أربـع لغات، كما تناولت تجربته الشـعرية مجموعـة من الطلبة لنيل الإجـازة والدكتوراه. كرمته الدورة الـ18 لمهرجان الشـارقة للشـعر العربـي، بجائزتهـا التكريمية الكبرى، احتفاء بتجربة شـاعر أعطى الكثير للشعر والقصيدة.

كتب الشاعر إسماعيل زويريق أولى قصائده سنة 1960م، أجازها له حينها الشـاعر الكبير أبو بكر الجرموني، ويشـتغل الشاعر حالياً، على إتمام مشروعه الكبير في المديح النبوي. وحظي الشاعر بالعديد من التكريمات (64)، داخل المغرب وخارجه، وشارك في ما يفوق الـ 400 أمسـية شعرية، كما أقام الشاعر إسماعيل زويريق عدة معارض لأعماله الفنية التشكيلية (15 معرضاً).

لقد شـكل ديوان «نخلة الغرباء»، ثم «طائر الأرق»، و«بوابات الريح»، و«خيمة الياسـمين»، إطلالة الشـاعر الأولى على المشـهد

الشعري بالمغرب، إطلالة حتى لو جاءت متأخرة، إصداراً ومنشوراً، إلا أنهـا لا تخفي تراكم تجربة الشـاعر منذ سـتينيات القرن الماضي. وأن تنطلق تجربة الشـاعر إسماعيل زويريق، من بوابة تجربة الشعر الحديث، «البعيد عن الإرواء والتقفية»، حسبه، فإن ما راكمه الشاعر، بعدها، من إصدارات شـعرية متوالية، بوأته مكانة خاصة في المشهد الشـعري، مغربياً وعربياً. والحال أن الشـاعر بدأ بكتابـة القصيدة العمودية منذ سـنة 1960م، والتي يعتبرها «أكثر جماهيرية»، ثم انتقل فـي مرحلة ثانية إلى تجربة القصيدة التفعيلية، بدءاً من سـنة 1974م، متأثراً حينها بتجربة أحد رواد الشعر المغربي الشاعر الحسين القمري.

«وجدانيـات»، «منوعـات»، «قوميـات». هكذا وزع الشـاعر إسماعيل زويريق ديوانه «الواحة المهجورة». وهكذا اختار الشاعر، أن يعـود من خلاله إلى تيمات الشـعر الرحبة، إلى أسـئلة القلق التي تسكنه، بعدما خصص مرحلة أساسية، من تجربته الشعرية، إلى رحلة ملاذ قادته إلى إصدار ديوان «على النهج» في سـبعة أجزاء، باستناد مرجعي إلى التجربة الصوفية، والتي نجد صداها في دواوين أخرى، مثـل «أسـفار الطين» و«بوابـة الريح». ويحضر الترحال والسـفر ومجازات الأمكنة، من خلال ديوانه «بالشعر أزوّق هذا المدى».

سفر الشاعر إسماعيل زويريق، في رحاب الشعر والقصيدة، ظل ممتداً إلى اليوم، ويتواصل من خلال هذا الإصدار الجديد. وحين تقدم دار الشـعر بمراكش، ديوانه الجديد «الواحة المهجورة»، فإننا نرتقي معه إلى معالم الشـعر الرحبة، وإلى ارتحال وجداني وإنساني، حيث تتقاطع فيه ذوات وحيوات، من ديدن ما اعتبره يوماً ما..

عَدِمْتُ الشِّعْرَ مَكْرُمَةً إِذَا لَمْ   يُبَلِّغْنِي عَلَــى وَفْزٍ مُرَادَا

إن قــدرة القصيــدة على إخصــاب عنصــر الأمل، والقــدرة على رؤية الحياة وتجاوز أدرانها، من فســحة البياض، هي إحدى شفرات شــعر إسماعيل زويريق، وقدرته على تحيين وظيفة الشاعر اليوم، داخل اللحمــة الاجتماعية، وإعادة الاعتبار، لوظيفة الشــاعر، داخل النســيج المجتمعي. وأبعد مــن النســق العروضي، يفتح لنــا ديوان «الواحة المهجورة»، مساحة جديدة للنقاش حول مآل تجربة القصيدة العموديــة اليوم في المغرب، في قدرتها على مواصلة رهانها، وحفر شــعريتها الخاصــة، داخل نسيج شــعري متجدد، حيث استطاعت أصواته الشــعرية، من جيل الشباب، أن تعمق خصوصيتها من داخل هذا النســق، لكن، يظل رهان الشعر، السفر الممتد لحيوات إسماعيل زويريق، الشعرية.

وجدانيات

الوحي

قد استقلَّ فـلا حزنـي ولا وجعي
يثيــر فيه ريـاح الخـوف والجزعِ

ازورَّ عنـي ازورارا وانتـأى أبقـاً
كأنـه بشـجوني غيـر منصدعِ

فلا يـرى مـا تـراه عين منكسـر
ولا يعـي مـا تعيـه أذن مسـتمعِ

وليس يهـوي إلى وكـري مكابرة
وليـس يأتـي إذا ناديتـه ليعي

تعال ركضـاً فقد أصفت على صغر
أطيار روضي فلم يسـمع ولم يطعِ

قـد كان معتصمـي آوي إليـه إذا
ألـمَّ بـي شـجنٌ بـل كان منتجعي

قـد كان معتمـدي فـي كل نازلــة
كأنــه معبـدٌ أو بيـت منقطـعِ

مــا باله اليوم أسـرى غير مكترثٍ
بما برانـي وأضحى غيـرَ منجزعِ

مــا بالـه اليـوم لا يدعى لمكرمة
إلا ومــال بعيداً غيـر مندفعِ

قـد كان يأتي وما ألهاه عن حرمي
داعٍ فلسـت أراه غيـر مبتـدعِ

ناشدته الوصل فاستأنى فقلت له
إنــي بوصلـك لـم أغنـم وأنتفـعِ

فاذهب فدنياي ما ضاقت شوارعها
فلسـت أدعوك يا هـذا: تعال معي

مازلت في مبتدا العمر الجميل فعقـ
لـي غير واه وظهري غير منخزعِ

ما زلت أقطع متـن الأرض منتكفاً
ما همّ أدنـى الثرى أو بُعدَه جدعي

إنــي رأيتـك لا تصغـي لـذي عَذَلٍ
إلـى سـمائك تسـعى غير منقمعِ

فارجـع إلـيَّ جـوادًا ليـس يحمله
بُعْدُ المسـافة أن يجري على هزعِ

بوّأتنـي خيـر مـا يسـعى إليه فتى
قبـل انتهائـي إلـى بوَّابـة اليفعِ

أنــا القنـوع ولكنـي أروم عـلاً
فمن سـواك يحدُّ اليوم من جشعي

فلـم أجد بغيتي في غيـرك اكتملت
أوصلتني للـذي استعصى عن الورعِ

هـذا المقـام فمـن إلّاك وطَّـأه
جزيـت خيرًا على ما قد فعلت معي

أطلق لسـاني فقد ألـوى بـه خرسٌ
إذ لا يليـق بـه الإذعـان للجزعِ

إنـي رأيتـك لـم تثلـب عـلـى أحد
مَنْ طبْعه الحبُّ لا يخشى من السبعِ

ناشـدته الله َ لا ترحل على ضَفَفِ
إن العجالـة لا تغنـي عـن الشـبعِ

فانسـاق كالماء في مأتـاه منحدراً
يجتـاز ما لـم تطأه صافنـاتُ دَعي

جـاءت قصائده منسابـةً ذُلُـلاً
يجلُّهـا مـا يراه الدهـر من ورعي

20 أكتوبر 2012م

أنا الشاعر

أنـا الشاعر المغمـور بيـن لداتِهِ
كأنـي في هـذا الزمـان جنيـبُ

ومـا آلَمَ القلـب المعنَّى وما شـجا
ه إلا وجـودي بيـن أهلـي غريبُ

طرقـت دروباً لَسـتُ آمـن طرقَها
وهـل كـدروب الإثـم فينـا دروبُ

ومــا أنـا إلا جاهـل متوثـب
وروضيَ في دنيـا القريض جديبُ

يداوي سـقيم الجسم من كان آسياً
وليـس يـداوي الجاهليـن طبيبُ

يداوي سـقيم العقل من كان عالماً
تمهـل فـداء الجهـل داءٌ عصيبُ

تجنّبنـي من كان لـي خيرَ صاحب
وكرَّهنـي فيمـن أحِـب حبيـبُ

طرقت سَمَاءَ الشـعر غير مُحَلِّق
جناحـي مهيض والزمـان غروبُ

تؤوب شموس الناس إن غربت وما
رأيـت وأيـم الله شمسِـي تـؤوبُ

الواحة المهجورة

يــا قلبُ أسـرجتني قنديلَ أشـواقٍ
فأنــت تصنــع مــا تأبــاه أخلاقــي

الليـل رام علـى داء مقادرتـي
والصبـر أودى به بذلـي وإنفاقـي

فبـتُّ أرعـاه لا نجـمٌ ولا قمـرٌ
يسـنو يُذَكَّر أطيـاري بآفاقـي

إنـي لأسـتنبت الآمـال وارقــةً
براصـدٍ لا يهـاب الدهـر تـوَّاقِ

فـي ذروة العمر أحيـا واهباً ألقي
كأنني نجمـة فوق المـدى الراقي

يـا دهر ما لـي إذا ما القيد حررني
يكابـد اللوعـةَ الحمـراء خفَّاقـي

أطرقت كي أسـتحيل اليوم ظاهرةً
وأيـن منـيَ إطراقـي وإطلاقـي

تضيـق فيك رحاب الصبـر واجنةً
لا ينتهـي مدّهـا إلا بأعماقـي

سـأرتمي بيـن أحضـان التولّه لا
أغفـو أبثُّ بمنفى اليأس إشـراقي

إذ كيف أسلو وخيلي سامها نصبٌ

أسـعى وهذا جـوادي غيرُ سبَّاقِ

وكري اليبابُ بغاث الطير تزعجني

فأزرع الصمت في شطآن أشواقي

تجفُّ تحت سـحاب اليأس أوديتي

لا الحظ يهمر لا ذاك النَّدى الساقي

فلسـت أقطفهـا الأعـذاقَ ناضجةً

قد بدّدت في المَوَامِي الريحُ أعْذَاقي

ضَنَّتْ عليها فلم تسـرج لطارقها

نجماً يضـيء مداها نـوره الباقي

هي المسـهَّدة الأنواءِ من غصص
جفت على سَيْبِها كاسـاتُ ترياقِ

أضحـت مرابعهـا ليست بهادئـة
مما ترقشـه أقـلام إخفـاقِ

فقمـت واللمـة الحيرى مهللـة
هـذا الرحيـل بـلا زاد بـلا واقِ

إنـي وحقّك لـم أركب علـى وهن
لكـن صبانيَ مـن قد رام إقلاقي

تناثـرت زفراتـي بيـن أربعها
كأنهـا حيـن ريزت بعض أوشـاقِ

بعثت من ظلمــة الأنفاق رامســة
تشـقى لظلتها أطيــار أنفاقـي

هـذا أنــا أجتلـي من غيــر صافنة
ظهـر المحــال وقد بـدَّدتُ أوراقي

لا ترعــوي نجمة باتت تراشـفني
كأساً تحلَّـب فيها حينِـيَ الباقي

أرى الحيــاة وإن أغرتـك وردتها
بريقهـا ليـس إلا لمـعَ إبـراقِ

زرعتني في هديل الجمر نرجســة
وقـد تعَـدَّت سـيول الحـزن آفاقي

إنـي لأكـره آمـالاً سرت شبحاً
يختبُّ حولي لأسري لا لإطلاقي

تركت قنديليَ المشـبوب محتضَراً
يهـلُّ جرحـاً بما قـد لـفَّ أوراقي

فالمـوت ليس يهـم النفس مورده
فمـا أحسُّ بـه إن رام إزهاقـي

ولست أحيا علـى حـال تمزقني
كأنهـا الريـح إن جَالـت بأنفـاقِ

قد مادت الريـح بي والليل مقصلة
لا الفجـر آت ولا هـذا الدُّجـى باقِ

أنصبُّ مثل قميص الوجد مسـتعراً
والخـوف أطلقتني أنقاضَ أشْـراقِ

تـذوب فـي كنفـي الأيـام بـاردةً
أعصابهـا كلمـا أعلنـت إخفاقـي

وفـوق أحيائهـا الآمـال عالقـة
على غصيـن تقضَّى ظلُّـه الواقي

العمـر يبتلـع الأيـام صاغـرة
والدهـر يكسـر كسراً كل مغلاقِ

مـن واحتي ترحل الأطيـار مجفلة
لا العندليـبَ أرى لا ذاتَ أطـواقِ

داء الكِبَر

تروم الرقـــاد وداء الكبرْ	يضـرِّم فيــك أثافي السـهرْ
فبتَّ تطــارح نجــم السهـا	وتشكو إليه صنوف الضجرْ
ألا أيهـا القلـب بـح بالذي	عنـاك وأمطـره فوق الحجرْ
وعش هذه الأرض راق تمدىً	وقوس السحاب عليها انتشرْ
وبيــن الرياض طيور المنى	لغاها السرور مداها الشجرْ
أجاب وقـد لعلعت لوعتي	رويـدك لـم يبق إلا السـفرْ
أضعت وجودك فيما انطوى	كأنـك نجـم سـرى واندثرْ

عدوت تروم ضيـاء المدى   وغـمَّ عليـك أديـم القمـرْ

رجعت إليَّ وقلبي انشـوى   ومدُّ الظلام انتوى وانحسـرْ

فلاح على البعد نور السـنا   تجاوز متـن الثريـا الأغرْ

وأطرقت أسمع صوتاً سرى   أجِدَّك مـا أنـت إلا بشـرْ

فلم يشفك الشـعر مما دهى   ولَم يجْـد أمرَك يوماً حذرْ

ومـا الـروض إلا يبـاب إذا   تجنـت عليـه ريـاح الغيـرْ

ومـا الطير إلا جثـوم إذا   تكلـم يوماً لسـان القـدرْ

فخذ من وجودك ما تبتغي   فليس وجودكَ إلا أثرْ

وفيمن مضى شاعر المنتدى   إذا ما تأملتَ كل العبرْ

فدعـك، حياتك فيما أرى   إذا بلّغتك المنى والوطرْ

إذا حقق المرء ما يبتغي   فليس يلام إذا ما اندثرْ

إذا لم يحققه فيما مضى   فكيف يحققه في الكبرْ

وما غاية المرء نيل المنى   ولا غاية المرء بطن الحفرْ

إذا لم ير النور ذو مُقلةٍ   فكيف يراه الذي لا بصرْ...

ليل بلا فجر

إنـي أرى مـا لا يــرى غـيـري
مِنْ دهـره هذا ومـن دهـري

سـقاه مـن كـاسـاته حـلـوة
فـي سـرِّها مـا ليس في سرِّ

ومـا سـقيـت إلا كأسـه مُـرَّة
ومُـرُّهــا جـاء عـلـى مــرِّ

تعْنو له الأرض فـلا وعـرها
إلا ريــاض شكـلـها يغـري

أما أنــا فمــا طريــقي سوى
وعرٍ، فمـن قفـر إلى قفــرِ

يمشي على بحر المـــنى فلكه
بـما اشـتهــى أريــاحـه تجري

فلكي تعَــاوتْ بـيــن أرْواقه
ريـح سرت فـــي سالف الدهرِ

إن صادفتكَ الريـح كانت صباً
إن صادفتني حاولــت غدري

رفـاقـه فــوق الزمان اعتلوا
ومـا سعــوا إلا إلى الخيــرِ

أمــا أنــا فــلا صديـــق ولا
سـواه همّـت خيلُـه أمـري

فمــا ســعــوا إلا إلى شــرَّة
وما ســعـــوا إلا إلى ضُـــري

إني رأيت الـروض مـا غردت
أطيـاره إلا علـى قـبـري

وإن أقل شعراً يقول الـذي...
مـا أنـت إلا مـاسخ الشـعـرِ

إذ لـيـس ما يـزهو به شـاعر
إن غـاب مـاء الشعر والنثرِ

بلوت من صحبــي جميعاً فلم
أجـــد سوى من سَرّه خسري

أنا الذي قــد حرت في أمرهم
وحـار فيمــا رغبوا فكري

فليس فيــهم غير ذي شــينة
وليس فيهــم غير ذي غدرِ

قد يـــهجر الغمض عيوني إذا
ما مسَّهـــمْ شيء من الضـــرِّ

ما بـــالهم إن مسني عارض
ما همَّهُم شـأنـي ولا أمـري

لكنهم بالـرغم فـي مـهجـتي
هـم دائمـــاً ما طال بـي عمـري

فَحلْوُهم حُـلْوٌ على مـقولي
ومرُّهـم مـرٌّ عـلى ثغـري

في قربهم قـربي مـن المبتغى
في بـعـدهم بعدي من الصبرِ

إني أرى الدنـيا بـلا صاحب
كـأنهـا ليـل بـلا فجـرِ

واللـيل لا يغـري سنا بدره
لا بـدر إلا بـالأنجـم الزهـرِ

حياة باطلة

أُسـقيتُ من خمر الدوالـي الذابله
كأساً تتشعشـعها الهمـوم الوابله

مــاذا أروم مـن الحيـاة وكلهـا
عنـدي حيـاة بالمصائـب حافلـه

هـذا أنـا والليـل ليـس بمنقـذي
مـن كل مـا يجتاح روحـي العاقله

أمشـي وهذا الدهر يشمت بي وما
تـدري بما ألقـى طيـوري القائله

العيـن لا مـاءٌ بهـا جفَّـت منَـا
بعها وضنَّـت بالميـاه الهاجلـه

والـروض لا زهـرٌ بـه مات الشـذا

من هـول ما تلقي الريــاحُ الفاعله

والغيـم لم يعرف طريقاً للمدى الأ

قصى ولم يرحم رياضي القاحله

والوحـي ينكـث عهـده إذ كلمـا

ناديتـه ولَّى بنفـس ذاهلـه

مـاذا رأيـت مـن الحياة ومـن ليا

ليهـا التـي عـادت سنيناً آفلـه

مـاذا رأيـت من السـنين ومن توا

ليهـا ومن تلـك الحيـاة السـافله

هـذا أنــا لا الدهـر يأخذنـي ولا
مــا كان تمليـه الحـروف الآملـه

هـذا أنــا إن عـدت للماضي جرت
تلـك المآسـى فـي خيالـي ماثلـه

والصمت يأخذني إلى وادي الشجا
قـد لا تخلصـك السـنون القابلـه

أمضـي إلى دنيـا المتاه كما مضت
في سيرها صوب الأقاصي القافله

لا درب يوقفنـي فأحصنتـي مـدا
هـا لا تطوقهـا الطيـور الجادلـه

أمشــي ولا أمـل تبـدَّى نـوره
أمشــي تزملنـي الشـجون القاتله

أمشــي وتوقفنـي يـد مجهولـة
لا زادَ يوصلنـي المـدى لا راحلـه

مـا كلهـا الأيـام إلا فتنـة
إن الليالـيَ عـن أموريَ غافلـه

مـاذا يـروم مـن استشـافت نـاره
مـاذا يـروم مـن الحيـاة الهازله

صـارت يبابـاً كلهـا أرضـي فـلا
عيـن تجـود ولا سمائي هاطلـه

مـا كان لي في هذه الدنيا سـوى
فـرس تغذُّ بـلا مـآرب واكلـه

لا الصبر ينجـي النفس مما غالها
لا الشعر يجدي لا المراثي الواهله

دعنـي فـلا أمـل يرجَّى كلهـا الـ
ـدنيا العريضـة بالمآسـي آهلـه

هيهـات يأتيـك دهـرك بالـذي
يرضيـك في هـذي الحيـاة الناكله

فازجـر جوادك لا انتظـار لمن بلا
ه الدَّهـر يوماً بالحظوظ الواشـله

وإذا قضى الزمن المهيب بِمَا يرى

لا يستميلك شاغل أو شاغله

فتذكر الدنيا فقد آن الأوا

نُ وما عليك بكت عيونُ السابله

تمضي كأنك لم تطأ هذي الربو

ع ولم تكرمك الأيادي الباذله

تمضي وأنت على يقين أنه

يَأويك مما قد ترى في الآجله

إن غابت الآمال عنك بهذه

فبتلك للآمال أيدٍ حامله

إن الحياة بهذه الدنيا الدني

ئة لم تكن إلا حياة باطله

20 نوفمبر 2010م

أيها الطائر

أيها الطائر من يمنحــــــني	غيـر مـا يبديـه ريب الزمنِ
كلمــا رامت جموحاً مهجتي	صدها الدهر فلا تسعفـني
فإذا بي فوق أحراش الغضا	تحتيَ النــار تشظّي بدنـي
كلما رقَّصني الدهر على	فننٍ تضحك وُرْقُ الفننِ
بحْ بما في قلبــك الآسر لا	تتــوارَ خلف تلك الدمــن
فلك الكون بمـا فيـه مـنى	ولـك الروض ربىً في عدنِ

لجناحاتك أجواز الفضا   ولألحانك تصغي أذني

ليس من يحبس يوماً نفسه   في ثياب الخوف أو في جنن

غير إنسان بلا فائدة   ما الذي يعشق من في رسن

كل ما فوق الثرى أو تحتها   ليس إلا حسناً في حسن

لومي للزمان كثير

ألــوم ولــومي للــزمـان كثيـرُ
ففي القلب من نار الغرام سعيرُ

وفي الناس من خير الأحبة جفوة
وكل يسـير في حياتي عسـيرُ

أروم من الدنيا الذي لـم تجُـد بـه
فمـا جودهـا إلا قليـل يسـيرُ

شُجوني وإن قلَّت تعد كثيرة
فقلبي هشـيش والجناح كسيرُ

ونفسي بما يعتادني مطمئنــة
وطرفــي بما يلقى الفـؤادُ قريرُ

أعـندك يا دهر الملمات مَحْمَلُ
إليـه على متـن الريـاح أطيرُ

تعبت من الدنيا القـليل سدادهـا
شجاها رشاد والشجون سرورُ

فمـا غيثها إلا عهـاد مـصائب
ومـا ليلهـا إلا ظـلام شـجيرُ

فليس لمن يبغي الحياة نـضيرة
إذا مـا تأمـلت الحيـاة نظيـرُ

هـو الجو لا يـرقاه إلا مـجنَّح
فكيف لمثلـي والجنـاح قصيرُ

أحاول لكنَّ الزمـان يـردنـي
إلى القاع، مـا بالقصد فاز جديرُ

فقلت له يومـاً أراك تـصدنـي
أليس على ظهر السحاب نسورُ

أنا مثلها لي همَّة طـاول السها
مداها ولي قلب شـديد جسورُ

أتاني من الغيب الجوابُ مفاجئاً
يثيــر بقلبـي وقعـه مـا يثيرُ

هي الأرض سجن لا يـحد محيِّر
مـداه وخلـق الله فيـه أسـيرُ

وأنـــت أيـا هذا من الخلق ذَرَّةٌ
على محـور الآلام باتـت تدورُ

فأعوامك الجلحاء لمحة ناظر
وعهدك في سفر اليقين شهورُ

فلا تشغل القلب المعنّى بما ترى
فرأيـك في هذا الوجـود قصيرُ

فإن تحسـم الأيام أمراً فلا تَهُن
فقبل ارتداد الطرف تجري أمورُ

صبور أنا

صبـور أنـا والدهـر يُحقـده الصبـرُ
ومـن كان من جِذمـي ينشِّـطه الأمرُ

يدمرنـي هـذا الزمـان جموحـــه
أنـوء بمـا لـم يستطع حملَـه الظهرُ

تعبـت ومـا لانـت لحالـي قريبـة
ولان لمـا ألقـاه مـن دهريَ الصخرُ

يحمِّلنـي الدهـر الـذي فـوق طاقتـي
فللنـاس شـطر مسـتقلٌّ ولـي شـطرُ

سحابي صرادٌ لا عِهاد ولا حياً
وروضـي جديبٌ لا نخيـلٌ ولا طيـرُ

ومـا شجري إلا جـذوع رثيثـة
فـلا ظلها ظلٌّ ولا تمرهـا تمـرُ

ومـا زمنـي إلا خريـف غراسـه
تُخشـخش في مسـعاي أوراقـه الغبرُ

ظمـئ أنـا والمـاء حولـي زلالـه
أجـاج فمـا استحلى عذوبتَـه الثغـرُ

أيشـفي غليـل الظامـئ الغِرِّ منهـل
زعـاف قعـاع آسِـنٌ مـاؤه غـورُ

إذا مــا ظـلام الليـل أرخـى سـدوله
فليــس لنــور الصبح مـن طولها فجرُ

أبيــت على جمـر الغضا متقلباً
فدائـي عضـال ليـس يبطلـه سـحرُ

وحيـداً أراضي الهـمَّ فالهمُّ مؤنسـي
ومـا همّنـي نجـم ولا همّنـي بـدرُ

أنــا السـاهر اليقظـان من غيـر علة
وما حيلــة المرء الذي شـفّه الفقـرُ

أخــاف مـن الدنيـا ومـن تبعاتهـا
ومـمـا بــه تأتـي إذا فاتنـي الصبرُ

حقـوق ذوي القربـى جميـم طلابهـا
ومــا لــي إذا فرطتُ فـي حقِّهـم عُذرُ

لقـد كسّـرتني مـن ذوي الحق ضربة
وليـس لمـا قـد كسّـروا أبـداً جبـرُ

فمـا كانـت الأيـام طـوع إرادتـي
ولا فـي الـذي أهواه طاوعنـي الدهرُ

تنكـر لـي هـذا الزمـان تنكـراً
فـلا روضهُ روض ولا قفرهُ قفرُ

ولا عطفـه عطف يُفـرّح مهجتي
ولا نهيـه نهـي ولا أمـره أمـرُ

ولكنني بالرغم أحياه طائراً
أشق المدى وحدي وما دونه الطيرُ

أنا النسر فوق الطود يحيا موقَّراً
وهل فوقَ فوقِ الأرض ما خافه النسرُ

فلا القاع يرضي النسر يوماً ولا الربى
وهل يرتضي بالدون من قلبه حرُ

فإن عاش فالعلياءُ دون مراحه
وإن مات فالرأس الأشمُّ له قبرُ

إذا ارتفعت نفس امرئ هان قصدها
وأبعدُ ما في الكون من صبرها شبرُ

ما بناه جميل

جاءني يوماً في المساء خليل
قال يا هــــذا ما أنا المعــذول

أنت في الشعر تبصر الكون شيناً
وأنا للقريــض لـــــت أميــل

إن تــرم جاهاً فالثــراء ســبيل
إنما الكــــون بالثـــراء جميــل

لم أجد بين الناس في زمني من
ليس يستهويه سوى ما تقــول

كان للشعر في الزمان الذي ولـ

ـى سمـــــوٌّ ورفـــعة وقـــبول

إن يـــك المــال فالنــزول صعود

إن يــك الشــعر فالصعود نزول

إنمــا المال أيها الشـــاعر المهـ

ـؤوس في أصحاب النفوذ دليل

قلــت يا هــذا نحن نمشــي وكلٌّ

صـــوب ما قد أراد جرَّت سبيل

أنا في غير الشعر موتي وغيري
بالغنى في هـذا الوجود يصول

حبَّـذا النـاس يدركون بـأنَّ الـ
ـمال في هذا الكون شيء هزيل

هـدم الدهر مـا بنـاه الغني يوْ
مـاً ولـم يهدم مـا بنـاه جميل

عُمْر من عاش في اليسار قصير
والذي عاش في القريض طويل

الليل

يا ليت سرّك ينجلي	يا ليل بي لم تحفل
وجه الأسى أنت الخلِي	فأنا الشجيُّ وأنت يا
إلا ثقيل الكلكلِ	يا ليل ما بك لا تُرى
يحلو لقلبي المُمْحلِ	لا ضووك الضوء الذي
يجلي الظلام بمعقلِي	لا نجمك النجم الذي
فسرورها لم ينزلِ	فيك الحياة كئيبة
شجن عقيم المنهلِ	أتصوغني شجناً على

مـاذا تـرى عيني سـوى   هذا الـرداء الـمـسـبـلِ

يخفي ضياءَ البدر فـي   إشـراقـهـا المتهـلـلِ

فـإذا البسيطـة كـلـها   تحت الـظـلام الجـحـفـلِ

وإذا الـفـؤاد بمـا يـرا   ه كـأنـه فـي هـيـكـلِ

متضـرع متخشـع   خوفـاً من المـسـتـقبـلِ

قد ضـاع فيك تأملـي   وأضعـت فيك تحملي

ماذا جنيت من الشبا   ب ومـن زمـانـي الأولِ

لـم أجن إلا مـا شجــا
من مـدبر أو مـقبـــلِ

تلـك الـحياة كمـا أرى
لـم تأتِ إلا بـالـجَـلــي

قلب يسهِّده الـضَّـنـى
يأس يحلُّ بـمـنزلـي

فمن الـمسـاء إلى الـمسا
ء على اللـهيب المجـزلِ

جرعتـني يـا دهر كـأ
سأ من شـراب الـحنظلِ

مـا مـرت الأيـــام إ
لَّا بـالـذي لـم يكمـلِ

إن كنـت تـسمعني أنا
ذاك الذي لـم يحـفـلِ

لـم أسـأم الـدنـيا فعـشــت على ضفـاف الجدولِ

وتـركتـه حـرّاً يـغـرّد في هنـاءٍ بـلـبـلــي

غـلَّبتُ في كـل الأمــو ر على الخضوع تعقلي

وتركتُ مـا يـمـلـي عـلـيّ الدهـر للمستقبلِ

لا جديد

إن الذي أعـددت للقلب من الأحـ

ـزان فـوق مـا يـراه المنطقُ

قلبـي الـذي رغـم الشـدائد وما

رأى مـن الآلام لا يحتـرقُ

فـكل عـام لا جديـد تحتـه

فمـا أتانـي منـه إلا القلـقُ

مـا حلمـه بالأمـس إلا خطـل

أبعدنـي عمـا يضـم الأفـقُ

مُتَّهَـــمٌ أنا بمـا عاينتـه

والنـاس حولـي شـيعاً تفرقوا

فهـل أُغْـنِّي بالـذي أغرقنـي

فـي كنهه وضاع فيـه الزورقُ

أنـا الـذي لا يملك الآن سوى

هـذا القصيـد مـا به قـد ينطقُ

انخطفـت شمسـي وبـات قمري

يلهـو به بيـن الرياح الغسقُ

لم تحمني من سَورة المعنى ذرى

لـم ينجني مـن الشـجا التآلقُ

لا يعـرف الحيـاة إلا مـن قضوا

ومن تكبدوا الشـجا أو عشقوا

إن الهـوى مشـيئة فسِرُّه
مستبهــم ورمـزه مستغلـقُ

فلـم أغـادر شـجني مـذ ظعنـوا
وسـرقوا منـي الذي قد سـرقوا

معزوفـــة شجيــة رددهــا
آلهــة الشعــر على مـن حلقوا

تحثنـي النجـوم كلمـا بـدت
والليـل غاسـق دجـاه مغرقُ

ضـاع اليراع حيث بتُّ حائراً
من يخطئ الحسـاب كيف يصدقُ

مـا كفنـي عن الكـلام طائــر
فعسـلي المعقـود ليـس يهرقُ

بيـن أصابعـي يـراع أسـودٌ
تحت يدي مِحْبَـرةً وبيـدقُ

أيتهـا الأشـباح أُصغـي حائـراً
أنـا الـذي حيرني المفتـرقُ

انتفضت قصائدي محمومة
لا تنفع القِمَّـة من تسلَّـقوا

ومـــا لهـم إلا الهــراء سلعـــة
والكذب المهيــــن والتملـــقُ

قد اسـتباحوا كل شيء يا ترى
وشربـوا مـن الرماد وسقوا

انحــرفوا عــن الطريق ومضوا
لا وازع يـــردهــم لا أرقُ

يا ويلتي يا ويلتي قد ضـاعت الـ
أقلام قــبل أن يضــيع الورقُ

أيها البحر

لقـد ضـل فـي إدراك ما يضمـر البحرُ
فـؤادي الـذي ما غُـمَّ عن فهمه أمرُ

فموجـك لم يطلقـه من شـطك المدى
يـهيِّجـه مـدٌّ ويخمـده جـزرُ

وطوراً كماء الحوض يسري هسيسه
وطـوراً كسيـلٍ ليس يحبسه صخرُ

وطـوراً كمـا الثمـد القـراح أجاجـه
فـلا عـده عـد ولا غمـره غمـرُ

وطــوراً تـراه كالبحيـرة هادئـاً
فــلا مـدّه صعـب ولا جزره وعـرُ

وطــوراً يــرى جهـم المحيـا مقطبـاً
وطــوراً يــرى طــلقاً محيـاه يفتـرُّ

أفـي قاعـك الأحيــاء تحيـا ســعيدة
أم القـاع قبــر لا يماثلـه قبــرُ

فكـم مـن جوارٍ غيبتها رياحـه
فليس لهــا مــن بعـدُ خبْرٌ ولا ذكـرُ

وفيـك مـن الأحجـار مـا ليـس نافعاً
وفيك الذي لم ينتقد حسنَـه الفكـرُ

تـراه علـى الصـدر المنَهَّـد درة
ففـي قاعـه صخر وفـي قاعـه درُّ

فهـل أنت مثلـي أيها البحـر في الذي
يـحيرنـي والله لا سُـرك السـرُّ

فأنـت بشـوش ثائـر مثـل مهجتـي
يـهيِّجـها أمـر ويفرحهـا أمـرُ

سقتني يـد الأيـام كأسـاً مريـرة
كمـا أنتَ مثلي قد سـقاك بها الدهـرُ

وصمتـك زجر للـذي رام غفلـة
وصمتـي ممـا رام غيـري لـه زجرُ

وصوتـك لا ينبـي العَجيـج بهولـه
كصوتـيَ لا ينبـي بما يحمل الصـدرُ

فنحـن وأيـم الله صنـوان أنْطـوِي
علـى ما عليـه تنطـوي أيها البحـرُ

السبعون

مـرت ومـا يجـدي من السـنوات
عـدُّ الـذي مـا كان من حسـناتي

إنـي قضيـت العمر فـي لعب وفي
لهــو يحرضنـي علــى الهفــواتِ

سبعون عامـاً ما مضـت إلا على
قلبـي الحزيــن ثقيلــة الخطــواتِ

أمضـي فتزجرني غرابيـن المدى
عمّـا تـروم مـن الحيـاة حصاتي

أمضـي وحيداً في طريق ليس يو
صلنـي علــى كـدٍّ إلى غايـاتِ

أمضي وهـذا الليـل يسحق ظلُّـه
نفسي يبددها بغيـر   أنــاةِ

مــا لـي أطيـر بـلا جنـاح والمدى
بينـي وبيـن حمـاه ألـف فـلاةِ

البحـر يُزْبد موجـه مستغضباً
يلقي شـراعي فـي المصير العاتي

ضاقت بي الأرض البراح وضاق بي
رحب الفضاء وضـاق وجه الآتي

فـي مُشْـرق أحيـا ولكـن لا أرى
نفسـي سـوى في عالـم الظلماتِ

ما لي قضيت العمر في عصر طوى

حلمــي بقعر مظلــم الجنبــاتِ

مــا كنـت أعـرف أنني أحيـا وريـ

ـب الدهـر مـن حنـقٍ ألان قناتي

فأنــا الذي عشــت الزمـان بكل ما

يأتـي الزمـان بـه مـن الغلطـاتِ

وأنــا الـذي أعدمـت أيامـي على

صخـر من البلـوى بسـيف لداتي

إنـي وجـدت القَبْرَ أرحـمَ بالفتى

ممــا سـيلقاه بـأرض عـداةِ

سـبعون عامـا لم أجد فيها سـوى

مـا كان يحملنـي على الحسـراتِ

فأنــا الذي أبصـرتُ مـا عانته أمــ

ـي فـي مسـيرتها مـن النكبـاتِ

لا شــيء يحملني على فيض الرثا

ء ســوى الدمـوع بأعيـن الأُمَّاتِ

إنـي لأبصـر فـي الثريـا غايتـي

مــاذا تؤمـل مـن جنـاح قطـاةِ

ضيعت في أمسـي الذي لم أستطع

إدراكَــــه في كلهـا غدواتـــي

ومَضَيتُ فـي درب الحيـاة مؤملاً
ما كنت فـي منأى عن الشبهاتِ

خـاب الرجـاءُ فدعك لا أمـلٌ يرجَّ
ـى يـا أخي فيـما ترى نظـراتي

سبعون عاماً ما سلكت سوى طريـ
ـق مُدْلهـمٍّ سيِّئ الـعـقباتِ

لولا الملامة عشـت بين الناس أبـ
ـكــم غيـر ذي مـقولٍ لفَّـاتِ

فالصمت عندي خير ما يجدي الفتى
إن لـم يؤثـر فيـه صوتُ الـذاتِ

دعنـي فكيـف يضيرنـي أني أرى
أحياء هـذا العصـر كـالأمواتِ

فأنا الذي عاينت في وطن الأسى
مـن حاكم متسلـط بـهَّـاتِ

مـاذا تؤمـل مـن بـلاد شعبها
يحيـا أسيـر الخـوف والنكبـاتِ

إن ينهض الشـعب الأبـيُّ فما نجا
مـن عَـثْرة إلا إلى عثراتِ

مـاذا تؤمـل من زمـان مـا بـه
إلا المـصائـب من عتـوٍّ ولاةِ

سبعون عاماً والبلاد على شـفا
والأمـةُ الخطبـاءُ رهن شتــاتِ

أسبلت دمعـي والأسـى متفجـر
لــم تجد فـي درء الأسـى عبراتي

أنــا في انتظار الفجر لكنَّ الفجر قد
طافـت عليـه ثعالـب الظلمـاتِ

أسـفي عليـك فأئت فـي درك وأمـ
ــا المنقـذون ففـي ثقيـل سباتِ

وأنــا الـذي أبصـرت فيمـا ضمه
وطــن العـروبة أسوأ السنواتِ

فـي كل قطـر منــه ألـف مصيبـة
تلــقي بـه في موقـد الحـسرات

جـاء الربيــع ومـا أتـى إلا بمـا
يذكـي بنفسـي لاهـب الجمـرات

النفـس تبصـر والزمـان معانـد
فقضيـت عمـري بين هـاك وهاتِ

مـا أتعـس المرء الـذي يحيا على
أمـل وليس يـرى سـوى الخيباتِ

مـا أنكد النفس التي لا تبصر الأع
ـوام إلا فـي أسـاها العاتـي

منوعات

يا بلادي

يا بــلادي وأنتِ ســر وجودي
أنت والله خيـــر ما في الوجودِ

جنــة الخلد أنت أنت مـلاذي
وأنا حصن مجدك المــحمـــودِ

قد رفعت الجـدود فوق الثريا
ورفعت الأحفـاد فوق الجـدودِ

وتبـوأت قمــة المجد نجماً
لا يبـالي بحـاسـد وحَقُـــودِ

أنـــت مـأواي يا بـلادي ومأوى
كل إنسان في الوجـــود طريـدِ

يا بــلادي ما خاب ظن جحود
فيك لما سلكتِ نهج الخـلـــودِ

لم نجد فيـك غير أحلى الأماني
تنعش النفس كالصباح الوليـدِ

أي حق يعلو عـــلى ما رأتـــه
أمـم صـانــت حق كل مسودِ

من حمى غيرك الحقوق ونادى
بالذي نادى كـل شعب مجيـدِ

لم تضع فيك يا بلادي حقـــوق
لا ولا ضاع فيـك رأيُ سـديدِ

فحقوق الإنسـان عنـدك أمـر
واجب فـوق كل أمـر رشـيدِ

كـله الحق في يـديك ضيـــاء
تملأ الكون بالسـناء الفـريدِ

انشـري في ذرى المعالي رداء
يبسط الأمن فوق كل النجـــودِ

قد علا صوتك المجلجل حتـــى
شق نوراً رحب الفضاء المديدِ

وضع الكونُ فوق رأسك تـــاجاً
شعَّ بدراً بيـــن الليالي السودِ

فــإذا أنـت في الوجـــود مـلاذ
ينعمُ النــــاس في مـداه الجديدِ

مراكش في 20 نوفمبر 2013م

بلادي روضة أنف

إنـــي رأيت بلادي فـوق ما وصفوا
فــلا يغرَّك منهـا مـا روت صحفُ

فليــس يعلم ما تحوي ســوى كلِف
والله مــا أنــا إلا ذلـك الكلـفُ

فكيــف أنكـر يـا هـذا مودتها
بعداً لمـن بهواهـا ليـس يعترفُ

بأهلهـا تشــرف الأوطـان قاطبـة
ونحن بالمغرب الأقصى لنا الشرفُ

فانظـر إلى ما بنـت أسـلافنا أثراً
تسـمو البلاد بما قد خلَّف السـلفُ

ونحـن سـرنا علـى آثارهـم خلفاً
فالأصـل يتبعـه فـي جِـدِّه الخلفُ

من ليـس يبصر هذا الليـل أنجمَه
فقـد أجنَّ علـى إبصاره السـدفُ

من حسنها قد رأيت الشمس خاسفة
ومن سـناها رأيت البدر ينكسـفُ

كل المآثـر عمـا تحتـوي شـهدت
إن اللآلـئ عنهـا ينبـئ الصـدفُ

فطفْ ترَ الحســن في أرجائها يَقِناً
بـكل حســن وأيـم الله تلتحـفُ

ازّينـت بالـذي لـم يـأتِ في بلـد
فالمبتـدا تحـف والمنتهى طرفُ

تلـك البنايات مـا أبهى عمارتها
إن الشـموخ علـى أسـوارها يقفُ

مـا أوسـع الأرض لكنْ خصبُها برَد
وخصب أرضي حَصين ليس يغترفُ

إذا شـكا بلـد جذباً يُعَنِّتـه
فمـا بـلاديَ إلا روضـة أنـفُ

ونحن في هذه الأرض الكريمة إخـ
ـوان على الخير لا نقصى ونختلفُ

قـد وحدتنا على الإصـلاح مكرمة
تُرقي البـلاد إلى ما ليـس يَتصفُ

المغـرب الفـذ قطـر لا شـبيه لـه
وكيف تعدل ما في الأخمص الكتفُ

دامـت مفاخـره ظلـت محاسـنه
تزهـو على كل قطر زانه الشـرفُ

فيـه الحيـاة تجلـت كلها لطـف
إن الحيـاة يقـوِّي حبَّها اللطـفُ

إذا ذكـرتِ أرى الأطيــار راقصــة
تهفو إليكِ وتشدو بالهوى الشُّرَفُ

أسـمعتك الحق يا مـن ليس يدركه
فليـس فيـه غُلُـوٌّ لا ولا سرفُ

أحبهــا وأحبُّ العاشـقين لهـا
فلسـت عن حبها ما عشت أنحرفُ

فليشــهد الـكل أني لسـت أكرهها
وأنها في اعتقادي فوق ما وصفوا

وضعت فوق جدار القلب صورتها
تأتي العواصـف لا خوف ولا تَلَفُ

بالعلم يعلو

بالعلـم يعلـو على مـا دونـه المدرُ
فنـورهُ فوق مـا يحظى بـه النظرُ

إن الكواكـب ما كانت سـوى حجر
فكيف يَهدي إلى نهج التقى الحجرُ

تحطمـت كلها الآمـال واحتضِرت
واكتظّ من هول ما قد راعني الخطرُ

فكيـف تعجبنـي الأطيـار صامتـة
وكيـف يعْجَـب فـي إغلالـه الوترُ

إنـي رأيتـك فيمـا لست أنكره
فليـس يتعـب في إدراكـه البصرُ

إني رأيتـــك والأيــام مُدبِرة
بمــا أصابـك هـذا القلـب ينفطرُ

فـكل شــعب إذا ما أرضـه انتهكت
بما يبعِّده عــن شــأوه خــورُ

ربــوا بنيكم على الأخـلاق فاضلة
إن البــلاد بمـن ربتــه تزدهـرُ

إن التقـدم لا يأتـي علـى عجـل
متى تقدم شـعْبٌ ناسـه زُمُـــرُ

إني رأيـت اجتثاث الـداء مصلحة
لا ينضر الروض إن علَّت به الشجرُ

إن الطفولـة أغلـى مـا حبيت به
وفـي شـبابك هـذا يكمـن الظفـرُ

عبـر فحقــك بالتعبيـر تأخـذه
والصمت يتلف ما يقضي به القدرُ

دعنـي ففي كل إصـلاح أرى قمماً
تعلـو وأخرى علـى الآفات تنتصرُ

ولست أخشـى على الآمـال موبقة
إن كنـت تحمـل قلباً ليـس يندحرُ

هـذي بـلادي فأيـن النـاس أينهم
إلى رحاب الردى ساروا وما شعروا

إنـي رأيت رياض البـان ليس بها

وهـي النضيـرة لا طيـر ولا تمـرُ

والسـلم مـا حققتـه أمـة ظهرت

بمـا علـى أرضها يستفرد النفرُ

إن يرض بالموت شـعب يستبدُّ به

وفـي الذين قَضَـوْا حتمـاً لنا عبرُ

إن البـلاد بمن ربـت ومن صنعت

وليـس بالخطَـب البتـراء تزدهرُ

أولاد ادليم 13 مارس 2013م

يا ولدي هذي بلادك

«إلى فؤاد الذي اختار الغربة»

هـذي بـلادك لا بـغـداد أو سبأُ
فـعد فـليس لـها فيمـا أرى كفوُ

هـذي بـلادك لـم تلفظْك تربتها
ولا تـحامـاك مـن أبنـائـها الملأُ

هـذي بـلادك يـا ابنـي غير هانئة
وبعـض أبنائها عنها قد انكفـؤوا

هـذي بـلادك مـن أمواهها رُويت
تلك النـفـوس الـتي غالها الظَّمأُ

في قلبها الحب لا تفنيه جائحة
في ثديها يا بنيَّ الشهدُ واللبأُ

في أرضها ما تلذ النفس منقطف
في جوّها لا يرد العينَ منخسئُ

هـذي بـلادك لـم تنكر مـودة مَن
على ربـاها وأيـم الله قـد نشئوا

هـذي بـلادك لـم تجحد نـداك ولـم
تأخذ بزلـةِ مـن عنها قد انتسئوا

فكيف تنكر هـذا الـحبَّ شـرذمة
إلـى سواهـا مـن الأمـصار تلتجئُ

رأيـت حبَّك يـا ليلَى يمـرُّ سـدى
وحبـهـا كـلـهيب ليـس ينطفئُ

في صدرها نخلتي طالت غدائرها
مـن متنها يـا بنيَّ الطينُ والحمأُ

فمـا أجـل انـتـهـائـي تـحت تربتها
أسمى النهايات عندي حيث أبتدئُ

هـي الـبـلاد الـتـي صاغتك مكتملاً
وكـرَّمـتـك فـلا إثـم ولا خطأُ

من خيرها العيش أمسى غيرَ ممتنع
ومـن رحيق هواها النفس تمتلئُ

مــا أنـتَ إلا حبيب القلب يــا بلداً
لــه تنكَّر مـن عـن أرضــه نبؤوا

أقسمت بـالله لا روحـي ولا جسدي
مني إذا بـالـذي آمـنـت قد صبؤوا

فحبكِ الـديـنُ إيـمـانـاً ومـعـتقداً
فـمـا عـلـيـكِ وأيـم الله أجـتـرئُ

فـإن أحـبـك قـوم طــال شـأنـهم
وإن قلوك رأيـت القوم قد خسئوا

حييتَ يا وطـنا للنفس محتضنٌ
حييـت مـن بـلـد للـروح متكـأُ

فعش على هامة الخضراء مرتفعاً
فطير مجدك فوق المنتهى يطأ

عد يا بني فإني غير مغتبط
لأنَّ بعدك للأشواق يجتفئُ

قد كنت أبصر فيك الشوق منبعثاً
على المدى ليس يخبو ليس ينطفئُ

وفي غيابك عاد الشوق مرمدة
بثلجها مهجتي والله تـَدَّفئُ

قد فرج الدهر يا ابني عن كواسره
تقشِّر الغضَّ من عودي وتجتفئُ

وصـرت والدهر لا تعنيه معضلتي
أحيـا ونفسي علــى ذكـراك تتكئُ

وكـلـمـا لاحـت الـذكـرى بـبـارقـة
تجري الدموع على خدي وتندرئُ

فصرت أكـره مـن عمري نهايته
وأنــت عنـي بعيد الـدار منتسئُ

فعد إلــيَّ فعمـري مــا لــه خبر
إن غــاب عنـه وأيــم الله مـبـتدأ

هــذا سـريـرك قد مــادت قواعده
على غيابك واستحلى بـه الصدأُ

والبيت أوحشُ مما لست تدركه
فلوعـة الشـوق فيـه ليـس تنفتئُ

فـي كـل زاويـة ذكــراك مـاثلـة
هنا الثيـاب هنا مـا كنت تستبئُ

هنـا دفـاتـرك المـهـمـوم منظرها
وخطـهـا لـم يغير لونـه النبـأُ

هنـا ركـضت فـلا خـوف ولا تعب
فـأنـت وحـدك أنت المفرد الرشأُ

فـي كـل شـيء أرى والله صورته
كـأنـها البـدر فـي إشـراقـه يضأُ

في قربـه كلـها الأشـيـاء رائـعة
في بـعده كلها في مقلتي خطأُ

فـارجع إلـيَّ ولا تـغريك حاضنة
هـذي بــلادك لا بـغـداد أو سبأُ

2012/ 4 /16م

مراكش

قـد أجفـل الشـعر لا وزن ولا نغمُ

فكيـف يسـعفني فـي بعـديَ الكلمُ

مراكـش الحـب يحتل الفـؤاد فما

يلهيـه عنـك وأيـم الله مـا وهموا

محضتك الحب في حلّي وفي ظعني

مـا كان يشـغلني بعـد ولا سـقمُ

إن كان حـب جمـال الغيـد نافلـة

فحبك الفـرض قوَّت حبلـه الرحمُ

كالطير تشـدو طباعاً ليس يمنعها

يوماً عن الشـدو لا غيم ولا سـدمُ

قـد كان تبعثـني الأشـياء رائقـة
وفي الآن يبعثـني فـي شــأنك الحلـمُ

مــا كنــت أطـرب إلا عنـد رؤيتها
ومـلء سـمعيَ مـن أطيارهـا نغمُ

مــا كنت أرتــاح إلا حيـث موقعها
وقد أظـل المدى من نخلهـا الكرمُ

مــا كان يسـحرني إلا معالمهـا
فـكل معلمـة فـي أرضهـا هـرمُ

بدت وكانت ضياء الشمس صاحية
فـلا غيــوم تواريهـا ولا أكـمُ

بدت وقد كشـفت عن حسنها حجباً
ومــا تـَـسوَّر إلا أرضَهـا الأجـمُ

أحيـا وفيك دنـان العشـق صافية
وفي سـواك رأيـت الصفـو ينتهـمُ

عشـقت فيـك جمـالاً ليـس ينكره
يـا بهجـة النفس إلا مـن به صممُ

فكيف يرغب قلبي في سـواك وأنـ
ـت يا حياتي لهذا القلـب معتصمُ

إِذ كلمـا كنـتِ منـي غيـر نائيـة
ترتاح نفسـي وجرح القلـب يلتئمُ

يجلـو نسـيمك مـا تشـقى بـه كبدي
يـا فرحة النفس إن هبت بها النسمُ

بيــن الجوانح يـا مراكش انتفضت
طيــر المديـح فغنـى بالمديـح فمُ

إن الجمـال إذا راعتـك بهجتـه
ينساب في ذكر ما يَـزهو به القلمُ

وأنـت مـا أنـت إلا منتهـاه فبيـ
ـن خافقيـك جمـال الكـون ينتظمُ

يـا حبـذا فيك مـا يلقـاه ذو يَسَـر
فجـودك الجـود لا تهمـي بـه ديمُ

وأهلك الصيد ما كانوا سـوى أنفِ
زانت سـجاياهمُ الأخلاق والشــيمُ

جناتـك الخضر ما أحلى الحياة بـها
فحيــث أنت مرامي النفـس تحترمُ

ومـاؤك العذب لا ورْد ولا ســحب
يشــفي غليلي منها السلسل الشَّبِمُ

ونخلـك الظـل يحكـي كل ســارية
فأين من نخلك الخضراء مـا وهموا

أهواك فوق الهوى حتى وإن كثرت
علـيَّ في أرضـك الآلام والظلـمُ

إن يـدرك النـاس في دنياهمُ سـأم
فليـس يدركنـي في أرضك السـأمُ

فالقلـب مغتبـط والنفس خاشـعة
كأنما ضمَّها يا بهجــةُ الحـرمُ

فحيـث أنت رأيـت الخلد منبسطاً
والله مـا الخلـد إلا أرضك الكـرمُ

ففيـك تنبسـط الأحـلام مفرحـة
وفيـك نفسيَ بالآمـال تعتصمُ

فالمـوت فيـك حيـاة غيـر فانيـة
ففيـك شـمت ظـلال الخلـد تنتغمُ

وفيك أرسَى جلال الحسن موكبه
وفيـك كل الـذي تزهـو بـه الأمـمُ

فأنـت رمـز لمـا عاشـت مآثـره
ومـا بنتـه علـى غبرائهـا الهمـمُ

إن تستَنم أمـة يوماً بما صنعت
فكلـه الكـون بالحمـراء يستنمُ

عجزتُ هـذا يراعي هامـدٌ خرس
لأنـكِ الكـون لا تحصى بـه نعـمُ

الحمراء

أهاج غروب الشـمس ما لـم يَهِجِ
فصـرت كأني فـوق جمـر مؤجج

ذكرتـك حين الليـل أصوب صاعداً
بظل ـ ترامى ضافيَ الصدر ـ أخرجِ

أمــدَّ علــى سـفح الجبيـلات لاهتاً
مـن الضوء ممزوجاً بلون مضرّجِ

كأن فضـاء الأفـق لوحـة مبدع
مجـردة مـن كل لـون مسـدَّجِ

أقلي فمــا نامت على العدْم مهجتي
فمُرَاكش الحمـراء بيتي ومدرجي

فإنـي وفـيٌ بالـذي أنكـر النـوى
فما شـيمتي تهوى البعاد وترتجي

فـإن تجهلي مـا ليس ينكـر واحد
فما حشرجت يوماً بما لم تحشرجي

هنـا تفتـح الأمـداء أحضانهـا لِكـ
ـل نجم بدا خلف الفراغ المسـيجِ

يا أسد الريف

قفــوا هـذه الناظــور لاح جديدهـا
وقد شـقّ أجواز الفضاء مشـيدها

تداعـت إليهـا النفـس غيـر وئيدة
فليس عن الإسـراع يجزي وئيدها

ترفـرف فـوق الربوتيــن حمامــة
يحفزهـا بعد الغيـاب وديدها

يـكاد يطيـر القلـب لمـا رأيتها
عروساً تجلت والضبـاب بُرودها

بـدت فكأنـي مـا رأيـت مدينـة
رأيـت التي أخزى الجمالَ وجودها

فمِلــت إليهـا والفــؤاد كأنـه
رأى مـا رأى والعين يهْمِي جليدها

تذكــرت لمـا زرتهـا ذات مـرة
فَقَـدْ راقنـي منها الحيـاة رغيدها

فلـم تلهنـي إلا العيـون رواشـقاً
ولـم تسبني إلا الغوانـي قدودها

كأنـي دخلـت الخلـد حيـن دخلتها
ونفسـي تمنّـت أن يـدومَ خلودها

تعالـى على كل المدائـن صقعها
ومادت على كل الجميلات غيدها

هنا البحر إن أمسـى وقد ثار موجه
يــذل كمــا ذلــت لنفـس عبيدهـا

رأيت ذكاء الشـمس قـدت ضياؤها
وأُسـبِل فـوق الشـاطئين قديدهـا

فرحـت أشـم الريـح وهـي عليـلة
كأنـي بتلـك الريح طـال هجودها

فجاءت رخاء ينعش الروح خطوها
كما أنعشت هيمَى النفوس ورودها

وفي سوقها شـاهدت ما عز وصفه
يحيرنـي مـا حـار فيه شـهودها

وعـدت إلى نفسـي اليؤوسـة لائماً
فليس على خاوي الوفاض ورودها

فمــا أتعس الإنســان إن قل مالــه
كما النخلة الفرعاء إن جفّ عودها

فمــا ســرَّ نفسَ المـرء إلا ثراؤها
ومــا ســاءها إلا قليـل نقودها

فعدت خفيفاً لست أخشى سوى التي
إذا عـدت للحمـراء شبَّ وقودها

وأقبح ما يزجي النفوس إلى الردى
إذا جـل مــا تبغـي وقلَّ رصيدها

فــلا الكــرم المعــروف عنك مشـفِّع
ولا الزوجة الغضبى يخفّ وعيدها

مشـيت وبي من ذاك ما ليس مفرحاً
أجــوب مغانيهــا كأنــي عميدهــا

هنــا كل مـا تهـوى فجـلّ دروبها
عجيـب قديمهـا فريـد جديدها

ومــا قلعــة الكوروكـو إلا عجيبـة
وأعجـبُ ما فيها عجيبٌ وجودها

فــلا إرمُ ذات العمـاد ولا الـذي
يباهــي به خيـر الملوك رشـيدها

يحركنــي شــدو الطيــور ببابهـا
وتســخر مني في الصعود قرودها

كأنـي بها ترثـي لحالـي فهل درت
بأن ســنين العمـر مـرّت عقودها

فيــا ويل مـن ترثـي القـرود لحاله
ولـم يشــكُ مما قـد شــكاه لبيدها

أترثـي لحالـي وهـي غيـر عليمة
فمــا ضعضعتني النـازلات عديدها

عليـك ســلام الله يـا قـردة بـدت
وبيـن يديهـا كالسُّـخيل وليدهـا

تأملتُ مـا بعد المسـافة ذاهـلاً
وقد شـمخثْ بين الظـلال نجودها

فعـدت إلــى العهـد التليـد مسـائلاً
فمـا يرفـع البلـدان إلا تليدها

فوافـت مـن الماضي البعيـد ألوكة
يسـكِّتني عنـد السماع نضيدها

فـإن ينـس لا ينـس الذي قـام ثائراً
يـرد إليهـا مـا استلجَّ لدودهـا

فلـم يـر فـي نيـل الكرامـة شـائناً
وحريــة الإنسـان يكبـر جودها

تنـاديـه مـن فـوق السـماء هواتف
تـردَّد فـي عمق الفـؤاد نشـيدها

أيا أسـد الريف انتفـض فالعدا بغوا
ومـا يحـرس الأغيـال إلا أسـودها

فمـا يسـتباح الغيـل والليـث قائـم
تجوب مغانيـه الرحـابَ قرودها

أضـاء رحـاب القلـب مثـل فتيلـة
تبـدت وقد شـق الظـلام صَعودها

فقـام ومـا هـاب الكواسر جثماً
ولا هاب ما تـملي عليه فهودها

لقد ضج في أعماقه صوت منقذ
تُـردِّد ما يـبدي ذُراهـا وبيدها

فأقسـم أن يـقـضي فـداء لأمـة
تكسَّر مما قد دهاها حـديدها

يزمجر كالليث الغضوب مجابهاً
تدانت له تلك الرحاب حدودها

فمـا همـه إلا تـحـرر أمـة
تعاني من الويل المهين مهودها

يمـزق أوصـال الفضـاء رصاصه
ويملأ صدر العـالمـين رعودها

يذود فـما إرث الجـدود بهَيِّـن
يشـق عليـه أن تهـون جدودهـا

وما نسـي التاريـخ ما فعـل العدى
على الريف ترمي بالسهوم جنودها

لقـد عجز الأعداء فاسـتعملوا الذي
تحرمـه تلـك القوانيـن صيدهـا

إلـى النصر مـن نصر تقـود قبائلاً
وتشـعلها نـاراً عِـدَاك وقودهـا

فمــا أنــت إلا قــائــد متحفـز
يسـووك أن تشـقى البلاد حدودها

قضـى بالـذي قـد نالـه حقَّ أمـة
خطـاه لهـا نـور سناه وجودها

ومــا أقبـرت تحـت المذلـة أمـة
إذا عـاش بيـن الخافقين أسـودها

لقـد رفعـوا فـوق التـراب بيارقاً
ومــا رفـع الأعـلَام إلا عميدها

الحبُّ أنت

نفسي وما يشـفي الأسـى إحجامها
حنَّـت إليـك فمـا يطيـب مقامهـا

حنـت وما غـارت مدامعهـا وهل
يُثْنَـى عـن الجلّى الجمـاحُ لجامها

مـا كانـت الحمراء يغري حسـنها
لـولا الـذي أسـدى إلـيَّ كرامهـا

مـدوا علـيَّ مـن المـودة ظلَّـة
واف مداهـا لا يغـور سـجامها

إن النفـوس إذا تمكـن وجدها
والله لا يشـفي الغلِيـَل سـلامها

فأتيـت أسـعى لا تهـمُّ مسـافة
إن أبعدتنـي عـن حمـاك خيامهـا

والمـرء لا يغنيـه عـن أرضٍ يَحُـ
ـلُّ بها يفيض من السخاء غمامها

إن الطيـور إلـى مآلفهـا تحـ
ـنَّ ويسـتجدُّ إلى القفـول بغامها

تثني علـى أربـاضهـا غرِّيـدة
وتبـث فيـض ودادهـا أنغامهـا

وأنـا الـذي فـي كل مغْصِنـة أرى
مـا لا يرى في السـاجعات حمامها

في كل شـبر مـن بـلادي مـورد
يشـفي النفوس إذا اسـتبد أوامها

طنطـان يـا بلـداً لـه بيـن الجوا
نـح حظـوة لا تنتهـي أيامهـا

لولاك ما استأنت طيور الشعر ما
يلقـي على سـمع المـدى إلهامهـا

مـاذا أقـول وقـد تكلـم بالـذي
لا أسـتطيع ولا أطيـق غلامهـا

حسـبي بأنـك في النفـوس مقيمة
يثنـي عليـكِ قصيدهـا وكلامهـا

في ظلهـا طيـر القصيـدة قد جرت
تثنـي وترسـل مَدْحَهـا أعلامهـا

إن البــلاد بأهلهـا يعلـو علـى
ما فـوق قاصيـة النجـوم مرامهـا

الحـب أنـتِ إذا اسـتبد هيامـه
والكأس أنت إذا اسـتفاض مدامها

طنطان 2011م

أندلسية

من الوصْل عيني قد جرى فيض مائها
أتشــفي دمــوعُ العيــن بعـض عنائها

نظرت إليهـا والدموع هوامـل
وروحـيَ فـك الوصلُ قيدَ رثائها

وعهـدي إذا مـا النفس نالـت مرادها
تجـرّ على الشـمَّات فضـل ردائها

فمـا بالهـا تبكـي وترسل آهـة
يشـق جدار النفس بعض هوائها

فمـا بالهـا تبكي ومـا طرقت سوى
بــلاد أنــا فيهـا غريب فنائها

فمـا بـالهـا تبكـي ومـا سـمعت سـوى
أغـان بغيـر الضـاد لحـن غنائهـا

فمـا بـالهـا تبكـي ومـا لمَّهـا المـدى
بصبّ عزيـز قـد قضـى بجوائهـا

تخلصنـي مـن هـم السـؤال غزالـة
يعذبنـي مـا انجـاب عـن برحائهـا

تقـــول أنـا والله أندلسيـــة
جـدودي وإن ماتـوا بنـاة بنائهـا

تحاورنـي فـي لَثغـةٍ عربيـة
ولـم تـك تـدري أننـي ابـن خبائهـا

يهيِّــج وجداً مــا تقــول حزينــة
وممـا تبصر العينــان تحـت سمائهـا

يهيِّــج وجداً مــا أراه معَبِّـــراً
كأنــي بــه يبكي مــآل ظبائِهـا

فخاطبتهـا كُفِّي لأنـيَ شــاعر
تبعثـر أبعاضي ريــاح عفائهـا

فلــم تــك تــدري أنَّ جـدّاتِ جدتـي
لقـد كـنَّ مـن حراتها ونسـائها

وان جـدودي فـي ذراها تجـاوزوا الـ
ـثريا وكانـوا الصيـد مـن عظمائها

هنــا كــان آبائــي يصولـون صولــة
تخـرّ لهـا الهامـات عنـد استيائها

أقامــوا مــن الآثــار مــا عـزّ وصفـه
وأعلـوا علـى الأقطار عـرش بقائها

وأضحـت بهـم تلـك المعالـم آيـة
كسـوها مــن الآمـال خيـر ردائها

ففـي كـل ركـن مـا يعد عجيبـة
فمـا السـبع إلا بعضُ بعضٍ بهائها

فلست أرى مـا بيـن أرجائها سـوى
أعاجيـب فـي إنشـائها وبنائها

رأيــت بهــا مــا بيـن أبيــن ناطـق
وأخــرس مــا قـد كان مـن وجهائهـا

ســليمان إن الجِنــة انبهـرت وقـد
رأت مـا عـاب مـن إجلالهـا وذكائها

حللـت بهـا والدمـع يهبـط بـارداً
يؤجـج فـي نفسـي لهيـب شـقائهـا

فليـس لكسـرى أن يباهـي بقصـره
وقـد أبـدت الحمـراء بعـض بهائهـا

وليـس لمصـر أن تقـول بمـا بنـت
هـي الأم فـي أهرامهـا وبنائهـا

وليــس لشــداد بـذي إرم إذا

رأى ما احتـوت إلا الرضى بازدرائها

هـي الجنــة الفيحـاء مهـد حضارة

تعـدى حـدود العقـل سـر بقائهـا

هنــا مرتــع الأفــذاذ مــن عظمائها

هنــا مـدرج الأعـلام مـن شــعرائها

فهـذا ابن عمــار وهـذا ابـن حـازم

وهــذا ابــن دراج هـزار فنائهـا

وهــذا ابن زيـدون وهـذا ابـن هانئ

وهــذا ابــن حزم كوكـب في ســمائها

بهـا حـل مـا لا تبصـر العيـن مثلـه
بكـت أمـره مُـرّاً عيـون ظبائهـا

هي الـروح بـالأرزاء حفّ مسـارها
وأبـدت لمـن يـدري مـآل وطائهـا

فمـن لم يجـد من دهـره واعظاً فما
لـه مـن ربـوع الأرض غيـر عرائهـا

وقفـت بهـا والطيـر فرفـر آسـفاً
متـى نفسـك الولهـى تفـي برثائهـا

تقـول وقـد أنحـت علـيَّ تلومنـي
ويـا تعْس مـن لامتـه بغـاث جوائهـا

أيبرئ مضنى النفس موجعها أسى
يمزق ما يخفيه ثوب حيائها

أجبت بدمع غير مقتصد هي الـ
ـحياة وما تملي على أقويائها

إذا الدهر أفتى بالذي شاء لا
ينهنهه عما شاء فرط ذكائها

فما ضاع منها ضاع ليس يرده
إذا دالت الأزمان نوح ظبائها

عليها أتــى المقدورُ فــي غفلة من الـ
ـذين هُمُ كانــوا حمــاة لوائهــا

وصــار الـذي كان منهـم كَأنْ لـم
يكــن غيـر طَيـفٍ مـرَّ تحت سمائها

فوجـدي عليها مثل وجـدي على التي
أرى الدهـر لا يرضيـه غيــر فَنائها

فلسطين لا يجـري الزمــان برتقهـا
ولكنـه يـجري لـخَـرْق ردائـها

ما وفيتك التبجيل

إني رأيت المــــدح فيك قليـــلا
إن المعلم يستحـــــق جزيــــلا

فارفع جبينك في الوجود مكللاً
هـذي مَرَاكـش وفَّـت التبجيلا

هذي الوجوه أتت تكرم فيك من
أعطـــى وأســدى للبــلاد جميلا

لـو كان أحمد جـرب التعليم ما
قــال الـذي قد قــال فيـك وقيلا

لسـما بك العلياء في درجاتها
وعلــى فويـدك ركَّـز الإكليـلا

قــد قال «كاد» وما رأيتك أيها الـ

أستــاذ إلا مصلحــاً ورســولا

من ذا يساوي قدر من في هذه الـ

أكــوان يبدع للبــلاد عقــولا

من غيرك اليوم استحقَّ بأن يفـ

ـضَّل يــا معلمُ بيننــا تفضيلا

أنـت الــذي أدى الأمانــة واعياً

وحملتَ مــن عبء الحياة ثقيلا

مــا كنت بالوقت الثميــن مقتِّراً

أو كنــت يومــاً بالحيــاة بخيــلا

ما كنت بيـن الناس إلا مخلصاً
مـا كنـت إلَّا جنديـاً مجهـولا

إني لأشـهد يا معلـم عن مهمـ
ـتك النبيلـة لـم تكن مشـغولا

ته يا معلم في الوجود فلن يرى
ظِـلٌّ أظلـك فـي الوجـود أفولا

فلو احتفـى بك كله هـذا الزما
ن لـكان ذاك من الزمـان قليلا

ألفيـت بين النـاس أمثـالًا ولـ
ـكِنِّي لمثلـك ما وجـدت مثيلا

إن قلت فيك الشعر كُنْت مُقَصِّراً
أو قمـتُ مـا وفيتـك التبجيـلا

إن المعلم فـي الوجود أجلُّ من
أن يرتدي ثـوب المديح طويلا

فافخر بما أعطاك ربك ســاحباً
بين الورى ثـوب الفخار ذيولا

أنا فيك هزار

أينـــه البـدر مـــا رأيـت سنـاهُ
ينـــشر الـضوء في رحاب سماه

كلهـا الأرض إن تـأملـت ليـل
ليـس يحمينـا منـه إلا دجاه

كلمـا نـار في العوالـم نـجـم
مـا سـرى إلا غمَّـه مسـراه

ضـل في أرجاء العوالـم قلبي
كيـف لا يُشجى القلب ممـا يراه

كيف لا يُشـجى والذي تبصر العيـ
ـنُ: ذئـاب فـوق الثرى وشـياه

فـتـأمـل تـر الأنـــام حـيـارى
بــيـن مـا لا يـرام في الكون تـاهـــوا

ضُيَّـع هـم فـلا الحـنـيـفـيـة الغـ
ـيرى ولا الدين يحتـــويهم رداه

لا ولا مـا يـــروم قـانـونـهــم حـيـ
ــن استخفَّـوا بمـا يـريـد الله

ظـالـم لا يـسـوس إلا بمـا يملَى
عـليه وما اسـطـاب هـواه

قـد صحا الناس فاستلذُّوا المنـايا
وتنـاسـى المظـلوم ما يـلقـاه

فإذا الـثـورات استباحت حِمَى مَن

لا الـظُّـبَـا تحمي شأنـه لا حماه

فـتـهـاووا فوق اللهـيـب فراشاً

لا يـــرى في جمـر اللهـيـب فناه

أين مـن ساد بـالمهـنَّد من با

ت ولا سيـد الوجـــود سـواه

إنـمـــا الظلم ناقـم ليــس يَبْقَى

إن يـثـــر يوماً لا المدى لا الشاه

والـــذي نبه البصيـرةَ يـومـاً

ليــس يأتي إلا بمـا تـرضـاه

ليـــس ينجو مـن البـــلاء كليـل
قَصُـــرت عن مرقَى النجوم خطاه

فإذا بـالشعـوب تـنهـــض ليثاً
وحَّدَتـها آلامُـها الأشبـــاه

إذ رأت في الحقـوق خـيـر ملاذ
ينعُـم الـناس في ظـــلال مداه

نحن في سائر الحقـــوق سـواء
لم يـفرِّق بيـن النـفوس اتجاه

فـحقـوق الإنسان كـونـية مـا
حبستهـا دون الحدود شفـــاه

لـم تُطَأْطأ لغيـر من خلق الأكوا
نَ إن راعـت الحقـوقَ جـباه

إن يكن مـنا للحقـوق اعتـراف
فـلأن الإسـلامَ كان غـطـاه

هل دعـا غيره الأنام بمـا في السـ
ـلم للمـرء إن يَـرُمْ مـنـحـاه

حقـنا في الـحيـاة أصيـل
مـنـذ أن حَـطَّ الآدمـيَّ الله

حـرر الإسلام العالميـن من الـ
ـرق ومنْ كـلِّ شائـن معنـاه

ليس في الديــن لا ولا في سواه

إن تــأملــت يــا أخــي إكـــراه

ما الــذي يمــنع اللسان من الحـ

ـقٍّ إذا عــنه عبَّــرت شــفتــاه

لا اعتـقـاد تعسفــيٌّ ولا سجـ

ـن يــضم المظــلومَ يوماً بناه

إن للمرء ما يشــاء إذا مــا احـ

ـتــرم المــرءُ يا أُخيَّ سواه

من يــر العيش في الوجود كريماً

كيــف لا يـحيا والـسلام حماه

كـل إنسـان بالحيـاة جديـر
إن يُعَظّمْـها نال كـلَّ منـاه

فدفـد اليوم فالوجـود عريض
لـيس يثْـوى إلا الـذي قد ثواه

ابـغِ للنـاس ما لنفسـك يا هـ
ـذا بـهذا الكـون العريضِ تراه

كلنـا في هـذا الـزمـان سواء
حبَّـذا مـا أراه أنـت تـراه

عشْ ولا تنـتهك حقوقي فمن لـم
ينـتـهك حقّاً لا يـدوم أساه

أيهـا المغـرب الــذي تـوجتـه
أمـم حـيــن قـدرت مـسـعـاه

أكرمـتـه هيئـاتهـا فـتـجـلَّى
قمـراً يـمنح الـوجود سنــاه

أدركـت أنـك الوحـيد فـقـضَّت
بالــذي يـوغر الـحسود قـضاه

وضــع الكــونُ فوق رأسك تـاجاً
يمــلأ الكــون المستجد بـهاه

فحـقوق الإنــسان عـندك أمر
واجـــب فــوق كل شـــيّ تراه

فـإذا أنـت في الـوجـود بـلاد
تنشـر الـعـدل في الجديد رداه

فـالمسـاواة والتسـامح والسـ
ـلـم وما يملـيه عـليك الإله

كلهـا بـين شـاطـئيك أمـور
ليـس تحـصيها بالقوافي شفاه

أيها الـمغـرب الجميـل أنا فيـ
ـك هـزار يـثني عليك غـناه

كـلـما مد في الـرحـاب جناحاً
عـاد والـشوق يـستحـثُ خطاه

أنــا كالطــير سوف يرجع مهمــا
أبــعــدتــه الــمــنــى إلى مـــأواه

مــا الــذي لم أجدْه فـيك جمــيلاً
كل ما فـيك قــد سبانـي بــهـاه

فــأنا من تفيأ الحســنَ ظــلاً
وانــتشـى مما أبدعتـه مـيــاه

وإذا الداء مسّــه لــم يجد فـي
غيـر مــا ضم شاطئــاً كَدَواه

أنحـني إجلالاً فمــا أنـت إلا
بـلـد أرضه النـدى وسـمــاه

طوقتـني منك المنـى فإذا بي
أبـصر الصبح في بـياض سناه

قـد تـنـاهى إليَّ ما سمـا بي
فـوق ما طـوَّق المـدارَ عـلاه

فـعشِ الدهـر يا ملاذي مجيداً
إن مجـد البـلاد فيمـا تـراه

عزّت الفصحى

عـزّت الفصحى إذا عـزّ بنوها
يا أخي إيهاً على الفصحى وإيها

كيف تحيا مثلما عاشـت قروناً
إن يكن مـن أهلها من يزدريها

كيف يعلي شأنها الخصمُ وقد جا
ء الذي جاء احتقاراً من ذويها

نشـرع الباب على الشرّ فلا لو
مَ علـى من قال مـا قد قال فيها

ليـس للجاهـل رأي لا ولا يجـ
ـدي إنِ الرأيُ أتـى منه نزيها

مـا الذي تعشق في الورد إذا ما
نشـر الورد من الطيـب كريها

قبح الرأي الذي لم يأت عن وجـ
ـه سـديد بل أتى عنـه بديها

لـو درى صاحبنا ما أطلق القو
ل كمـا يطلقـه مـن يجتويها

كيف يجدي رأيُ من لم يك يوماً
في ذرى العلم من الشـمِّ فقيها

لم أكن أدلـي بدلوي يا أخي لو
لا الذي شمت من الرأي سفيها

والذي في الناس لا يحمل هماً
موتـه خيـر مـن العيـش فيها

فـدع اللـوم أيـا هـذا فإنـي
لـك لا أبصـر يـا هـذا شبيها

ليـس يعنينـي إذا نـد جهـول
ورماهـا بالـذي لـم يـك فيها

ضرّني لـو كنت يا هـذا حكيماً
ضرّنـي لو كنـت يا هـذا نبيها

أعلى الجهل نربي من نرى فيـ
ــهم حمـاة لبـلاد نجتبيها

فاقرأِ الفاتحة اليـوم على الأمَّـ

ــة إن ربَّت على الجهل بنيها

إنمـا العجـز من النـاس أيا هـ

ــذا فدع عنك من القول سفيها

لغـة الأجـداد يـا هـذا فمـا لي

في سـواها بغية كي أصطفيها

حسـبها أن كلام الله منهـا

جاءنـا ذكـراً من الحـق نزيها

عربيـــاً أنزلـــه الله كريمـــاً

فصَّـل الأحـكامَ تفصيـلاً نبيها

كلهــا الآي أتــت منسجمــات
فتأملهــا فــلا إخفــاق فيهــا

لم تضق عما اصطفى الله كتاباً
كيف ضاقت بالذي شـــاء بنوها

وصفت ما لا تراه العيـــن منا
بالذي جاء من الآي وجيهــا

والرسول المصطفى لم يك يملي
غيــر ما يوحي إليـه مصطفيها

أنقـذ الأرض مـن الجهل ومما
قد تفشـى ردحاً في ســاكنيها

جعل الفصحى سراجاً لمن استمـ

ــهد متن الأرض من خير ذويها

لم تضق عمار أى المختار في تلـ

ــك السماوات العلا إذ يستميها

واسمع الشعر جميلاً لم أجد ممـ

ــا يقولــون لـه يوماً شــبيها

كلمــا عبــر عمــا اختلــج النفـ

ــس أتى الشعر من النفس بديها

وطـئ النــاس بما جــاء علومـاً

قمة لم تكـــن الأذن تعيهــا

أيهـا الطاعن لا تلوي علـى الـ
ـرأس عُجْباً لا ولا تلويه تيها

لم أجد في لغة الضاد من النقصـ
ـان ما يُدعو إلى أن أجتويها

فاسأل الأعلام من أهل النهَى واسـ
ـأل من الكتّاب مـن كان نبيها

هل يضيـر اللغـة الفصحى دعيٌّ
يا أخـي ظن بها مـا ليس فيها

قـد وقاها الله ممـا لقيـت يو
مـاً وممـا سوف تلقـاه يقيها

قوميات

القدس

أزل قيداً يصدِّئه انـــتـظـار
فلم يجـدِ الخطـــابُ ولا الحوار

أنا المضنَى ومـا يشفي رثاء
أنا المقصى وما يغني اصطبار

بـغى الأعداء واحتلُّوا حمانا
فدعـنــي لا ســلامٌ لا خيــار

قد اقترفوا من الآثـام شتَّى
وبين جـوانِحِي للصمت نــار

حصار القدس يشحنني جراحاً
وتسحقني مواجعها الكثــار

وللأشـــواق فــي جـنـبـي اتّـقـاد
وللأحـزان فـي قلبي اسْتِعـار

أغـالـب سـطـوة الآلام قـهـراً
وللدمــع انهمــال وانحــدار

لقد أجلى المقيمين احتلال
وروّع طيرهـا الكيد المـدار

يعز عليَّ ما فعلوا اعتسافاً
وما بعد الـذي فعلوا انتظـار

دمــاء واغـتـصـاب واحتـــلال
دمـــار وانـهــدام وانهيــار

فهذا الطـفـل قد أضحى يـتـيماً
ولا يأويــه بيـــت أو جـدار

وهذي الأم بـاكـية عـلى مـن
بـهم يا إخوتــي شط المــزار

فأيـن الـروض لا تـمْر وظـل
وأيـن الحيُّ لا مـــاء ونــار

وصــارت أرضها نـهْب الرَّزَايا
وعـادت للخـراب بـها الديـــار

وأين الصخرة الشماء ضاعت
وضاع طريقها وخبا المنــار

لقد عاث اليهود بها وأجلوْا
مساكنهـــا فـلا أهـل وجــار

رحاب المسجد الأقصى تنــادي
وأهل القدس قد رحلوا وساروا

إليـها عـاد أمواتـاً رجـــال
على الهجـران أجبرهم حصار

يذوب القلب من كمد لهـذا
وتبكي شأنَـه عيـن تغــار

لقد ضـاقت بـيَ الأشعار ذرعاً
ومات علـــى شواطئي النهــــار

وبي يَسري إلى الأقصى اشتياق
ويحملني على الهجـر الحصار

عليك تـفكُّ روحي كـل قيد
وجسمــي منك يبعده انكسـار

فأنْتِ الجرح مـا حدَّت مـداه
أراويــحٌ فليـــس له قـــرار

لقد ملَّت عقارَ الصمت نفسي
فليس يحرِّك النفسَ العقـــار

بـلا خـوف بـلا ورع تـجَنَّــوا
فأين وعــــودهم أين الشعــار

وجـود الـطـالبـين بـغير سـيف
وجودُهُمُ وأيـــم الله عـار

فليـس الـسـيف إلا مستشـاراً
يكلِّل حــدَّه الماضِــي وَقَـــار

ألـيـس من الـهـوان وجـود قوم
ومــا نهضــوا وما لهمُ خيار

أليس من المصائب قتل شعب
وما نجت النساء ولا الصغـار

أليس من المصائب هدم بيت
يقدَّس أو يمجَّد أو يــزار

رأيت الدهر يحقر من أذلوا
ويُكبِر من على الأعداء ثاروا

فيا قدس استردي ما أضاعت
من الأخــلاف أيديها القصــار

وليس يرد مَا فقدت قــرارٌ
إليها فالجهاد هــو القــرار

تـشتَّت شملُنا لا الرأي رأي
يوحِّــد جهــدنا لا الــدار دار

فنحن على التنافُرِ قد بـنيـنا

وجـوداً كلــه عيـب وعـار

تـمشت بـيـنـنا الأحقـاد حتى

غـدونا ليـــس يجمعنا إطـار

كفـاها مـا سفحتم مـن دمـوع

فما تُجْدِي دموعُكُـــمُ الغـزار

صــلاح الدين أينك قد أطلت الـ

ـغيابَ ونكَّد الأقصى الحصارُ

هـي القدس الشـريفة قد تبدت

يَعِيث بها الصهاينــة الشـرار

هنا الأقصى لمن سبقوا من الأنــ

ـبياء ومــن ضيـوف الله دار

فأينكـمُ فهـذي القـدس تشـكو
ولا ردٌّ يحـــررهـــا وثَـار

قليل مــن دمـوع العطف يكفي
ليحملنا على المـوت المسار

إذا ما الدهر مال عـــن التمني
أجيء وليس يمنعــني اعتذار

سأكســر كلهـا الأغـلال كسراً
وأقطع ذيل من عاثــوا وجاروا

فبعد العسـر يأتي اليسر طوعاً
فمــا بعـد الدجـى إلا النهـار

فما كان الظـلام بلا انجـلاء
ولا دامـت على حـال ديـار

حلب أبكيك بالدم

قرأت قصيدة للشــاعر زهير أحمد المزوق، تحت عنوان «الهوى حلــب»، وقــد هالني ما آلت إليــه، فقد تركها الدمــار والحرب والقتل والخراب حلب أخرى، غير حلب الشهباء، وجرت مني على البياض الدموع قصيدة.

أبكيــك بالــدم لا بالدمــع يــا حلبُ
فمــا أرى أخفقــت في وصفــه الخطبُ

فموكــب المــوت مــا صدَّت أوابــدَه
خطابــة لا ولا استقصاه منسكبُ

تســقي الدماء غــراس الحــب هامية
وهــذه الغوطــة الفيحــاء تلتهــبُ

الطائـرات تجوب الجو مطلقـة
نيرانهـا ورصـاص الغـدر يرتقبُ

يا سـيف دولتهـا الشـهباء في خطر
فأيـن مـا حفظتـه منكـم القُضُبُ

انهـض لتبصرَ مـا جادت بـه عصب
علـى التـي لـم يرعْها من بهـا وثبوا

حلت بهـا المحـن الحمـراء قاتلـة
أيـن الفـرات ومَـنْ مِنْ مائه شـربوا

مـا حـظ آثارهـا إلا مزمجرة
تلقـي الخـراب وتمحو شـكلها النوبُ

حـرب أبـادت بـروح غيـر مشـفقة
شـعباً عنَـاه الذي لـم تبصـر الحقبُ

فأيـن ماضيـه ممـا ليـس ينكـره
راءٍ ولا أغفلـت تاريخـه الكتـبُ

قـد أصبحـت كلهـا الأجسـاد مرمـدة
وفـوق أشـلائها يسـترجع اللهبُ

أُنظـر إليهـا فقـد ينبيـك مشـهدها
بمـا يعزُّ علـى تبيانـه الـذربُ

فـي كل ناحيـة أشـلاء مـن قتلـوا
فـي كل زاويـة أصـوات مـن نكبـوا

فهـل يليـق بأهـل البيـت مـا فعلـوا
وهـل يليـق بهـم مـا يذكـر العقـبُ

إن الـذي فعلـوا لـم يـأت مـن أحـد
مـن قبـل كان لأهـل العقـل ينتسـبُ

نفسـي فداء لمـن باتوا على سغب
وأنـت تعـرف مـا قـد يفعل السغبُ

نفسـي فداء لمـن شـرّدته يـد
فـي مدّها سلـب فـي جزرهـا حربُ

إنـي لأكبـر منهـم موتـة شـرفت
والمـوت يحيـي الـذي للخلـد يرتقبُ

إن الحيـاة لمـن يهوى الرحيـل ويهـ
ـوى أن يموت ولا يرضـى بما طلبوا

إن التحـرر لا يأتـي علـى عجـل
كلا ولا دامـت الدنيـا لمـن غلبـوا

يـا أنـت مـا كنـت تـدري أنهـا دول
تلـك الحيـاة وأنَّ الدهـر ينقلـبُ

ما دامت النفس لا تهوى سـوى حلب
يهـونُ قدَّامهـا والله مـا ركبـوا

صدَّقتُ ما قال في الشـهباء شَـاعرُها
«إن يسألوا عن هوانا فالهوى حلبُ»

يا شاعر النهرين

إلى الشاعر العراقي أحمد محجوب الجبوري

يــا شـاعــر النهرين مـاذا أصنع
حـان الرحيـل ومـا بطرفي أدمعُ

ألأنــني ذاك الخلـيُّ فـلا شجا
لا العين تدمع ولا الحشاشة تجزعُ

أم أنــني متجلِّــد متحمِّــل
فلمكـر هـذا الدهـر لا أتضعضعُ

ما سرنـي بُعْـد الأحبة بغتة
أو صَبَّـر القلـبَ الألـوفَ تـودعُ

ما شـام قلبـي في البعـاد هناءة
إن البعــاد عـن الأحبـة يفـزعُ

فأنـا الشـجيُّ بـكل واصبـة طغت
هوجـاء تعبـثُ بالنفـوس وترتـعُ

هذي الحياة على الفراق تأسسـت
مـا كان فيها للخلـود تطلـعُ

مـا في البقـاء لذي حصـاة مأرب
يغـري وليـس لمـا ابتغـاه توقـعُ

لكـنَّ مـا أضحـى يؤرقنـي بهـ
ـذا العصر ما صنع الطغاة وشرَّعوا

إذ فرقـوا بيـن الشـعوب تعمداً
قطـع المـودة بيننـا مـا أبدعـوا

كــم قتَّلـوا كم أسْـرَفوا كـم عذبوا
كم أحرقوا كم أظمــؤوا كم جوَّعوا

لكنــه والحــق أبلـجُ واضحٌ
يبـدي الـذي مـا كان يـدرك أقطعُ

إن كان مـا وهمـوا يفـرق بيننـا
يوماً فقـد ضلوا السـبيل وضيّعوا

سـيف العداوة إن يشـتت شـملنا
فالشـعر يا من ليـس يعرف يجمع

الشـعر وحَّدنـا فبيـن الخافقيــ
ـــن لنا من الحبِّ الفضاء الأوسعُ

من هـا هنـاك إلى هنـا رغم المسـا
فـة بعدِهـا بعـضٌ لبـعض ينـزعُ

مــا كان أقصـاه عـن الأدنـى إذا
جـلَّ المصـاب يُكِنُّـه مـا وقَّعـوا

قـد   ألَّفَتنـا   وحـدة   عربيــة
فـإذا الـذي بيـن الأقاصـي أذرعُ

مــا أنـت إلا شـاعر وأنـا هنـا
ذاك المريـد لمـا تنـادي أسـمعُ

هـذي مرَاكشُ لم تعـد تُصغي لمن
يلقي الـكلامَ على العواهـن يَذرعُ

وقِّـع فمـا إيقاعـك المهمـوس إلَـ
ــا نفثـة قد شـذّ مـا بـي تصنعُ

الليـل يرخي فوق أعطـاف المدى
وأنا الهجـود ونبض قلبِـيَ يهزعُ

راعيـت ذاك النجـم غيـر مذمّـم
مـن ذا يـذمُّ ذوي اليـراع ويبخـعُ

إذ كلنـا فـي الهـمّ إخـوان لنـا
ديـن الحنيفـة فـي الملمّـة مرجعُ

مـا كان يبعدنـا عن الحـق المبيــ
ــن كما يـرى ذاك الغبـيّ الأبصعُ

فإذا الشـباب على الطغـاة تنمّرُوا

ردُّوا الـذي جَذم الطغـاة وضيّعوا

فـي كل قطـر أمـة ثـارت مجلـ

ـجلة وليـس يردهـا مـن يقمـعُ

إنّـا لأهـل الحـقِّ يصفـو وُدّنـا

ولمـن طغـى متجبـراً لا نركـعُ

أبـداً فقـد فهـم الذيـن تسـلقوا

مـن غيـر حـق أننـا لا نخضعُ

إن ضـاق وجه الأرض عنا لا يضـ

ـير إذا تثـقق عن ثراها الأوسعُ

قــد جاءهم منــا اليقين عــن الذي
مــا فكَّروا وتوهّمــوا وتوقّعــوا

إن الحيــاة علــى المــودة لا علــى
كُــرْهٍ ينبّطــه الغــراب الأبقعُ

مــا أجمـل العيـش الكريـم يحفُّنا
فيـه السـلام والمقـام الأرفـعُ

إذ ليـس تغرينــا المناهــل تَرَّةً
إن كان بالسلسـال فيهـا نفجعُ

يـا شــاعر النهرين أيقظت الذي
أشـجى الفـؤاد وهــا أنــا أتوجّعُ

كيـف أغضـي الطرف عمـا رامه
أعـداء وحدتنـا علـى مـا أزمعوا

إنــي أرى الصحــراء غيـر بعيـدة
إذ كيـف ينـأى مـن بقلبـك يقبـعُ

من رام فصل الروح عن جسد فقد
رام المحـال ورام مـا هـو أشـنعُ

هـذي بـلادي مـن هنـا حتـى هنا
ك ولـن أحبِّـذ أمرهـا يتـوزعُ

قـد علمتنـا وحـدة وطنيـة
ألا نغـضّ الطـرف عمـا أبدعـوا

يــا صادعـون بمــا يــراه مسخَّر
تبَّـت يـدا مـن رام مــا يتوقعُ

مــا نحـن إلا أمــة ليست تفـ
ــرقها إذا اشـتدت ريــاح أربـعُ

يــا مغرب الصحـراء إني شــاعر
يزهـو بحبِّـك مــا تضـم الأضلعُ

مــا كان يصرفني عن المحبوب أمـ
ــر لا ولا مــا روَّجـوا أو ذيـعـوا

تلـك البـلاد بـلاد أجـدادي وآ
بائـي الذيـن هـم العمـاد الأرفـعُ

شادوا على ظهر السها مجدا ووحـ
ـدتهم هي السيف الصقيل المبدعُ

تلك البلاد وما تضم محجتي البيضـ
ـاء كيـف عـن المحجـة أرجـعُ

شـهدت بذلـك كل رابطـة مــ
ـوئيدة بمـا خـط الخطـاب المقنعُ

البيعـة الكبـرى وَهَـذي حجـة
مــن ذا يـرى فيهـا الـذي لا يقنعُ

بئـس الـذي نـادت إليـه لمّـة
بئـس الذي سـلكت وبئس المطمعُ

فليتعـظْ مــن كان ليــس بموقـن
وليعتبــر كل الذيــن تسـرّعوا

مراكـش الحمـراء قد بـرح الخفا
ء وزال عـن وجه الصواب البرقعُ

هـذي الوفود أتـت إليـك حجيجة
تنبـي عن الحـق المبيـن وتصدعُ

مـن كل فـجٍّ ليـس يكبحها مَدىً
أو كان يوقفهـا النطـاق الأوسـعُ

إن الحقيقـة لا يكفُنها الـكلا
م ولا تواريهـا الريـاح الزَّعـزعُ

الجمعة 9 مارس 2012م

الفهرس